COMPRENDRE
LA LITTÉRATURE

MARCEL PAGNOL

Topaze

Étude de l'oeuvre

© Comprendre la littérature.

22 rue Gabrielle Josserand - 93500 Pantin.

ISBN 978-2-75930-105-8

Dépôt légal : Septembre 2023

Impression Books on Demand GmbH

In de Tarpen 42

22848 Norderstedt, Allemagne

SOMMAIRE

• Biographie de Marcel Pagnol.. 9

• Présentation de *Topaze*... 15

• Résumé du roman.. 19

• Les raisons du succès.. 25

• Les thèmes principaux... 31

• Le mouvement littéraire... 39

• Dans la même collection.. 43

BIOGRAPHIE DE MARCEL PAGNOL

Marcel Pagnol est né à Aubagne, dans les Bouches-du-Rhône, le 28 février 1895. Il est le fils de Pauline Henriette Lansot, couturière, et de Joseph Pagnol, instituteur, parents également de deux autres enfants dont Marcel Pagnol est l'aîné. Il passe son enfance à Marseille où son père exerce comme instituteur dans une des plus grandes écoles communales de la ville. Laissé dans la classe de son père certaines matinées, il y apprend naturellement la lecture alors qu'il n'a que trois ans.

En 1905, il entre au lycée Thiers de Marseille. Cette rentrée scolaire marque le tout début de sa carrière d'écrivain. Marcel Pagnol s'essaye à la poésie, éditée à partir de 1910 dans la revue *Massilia*. Cette année marque également un tournant dans la vie du jeune Pagnol, puisque sa mère meurt à la suite d'une congestion pulmonaire.

En 1913, il débute des études de lettres à l'Université d'Aix-en-Provence après avoir obtenu un baccalauréat philosophique avec mention. Il fonde avec des amis en 1914 la revue *Fortunio*, qui deviendra plus tard *Les Cahiers du Sud*, et qui devient la vitrine littéraire de son propre travail : il y publie des poèmes et son tout premier roman : *Le Mariage de Peluque*.

Après avoir été mobilisé pour la Première Guerre mondiale, puis réformé en 1915, il épouse le 2 mars 1916 Simone Collin, et obtient une licence de lettres et de littérature anglaise. Il exerce d'abord en la qualité de répétiteur d'anglais, pour être ensuite promu professeur adjoint au lycée Saint-Charles à Marseille. Pendant cette période, il écrit deux drames en vers : *Catulle* et *Ulysse chez les Phéniciens*, co-écrit avec Arno-Charles Brun.

De 1922 à 1927, il enseigne l'anglais au lycée Condorcet de Paris. Dès son installation dans la capitale, Marcel Pagnol retrouve Paul Nivoix, rédacteur à *Cœmedia*, un quotidien culturel, qui l'introduit dans le cercle de la littérature et du théâtre parisien. Doutant de l'intérêt des tragédies grecques et romaines, il commence à co-écrire, avec Paul Nivoix, un vaudeville : *Tonton*. Cette pièce rencontre du succès, motivant les deux dramaturges en herbe à continuer d'écrire. En 1925, le théâtre de la Madeleine accueille *Les Marchands de gloire*, satire du patriotisme écrite par Marcel Pagnol et Paul Nivoix, qui ne rencontre pas un franc succès. Il en sera de même pour la pièce de théâtre *Jazz* écrite par Marcel Pagnol en 1926 et jouée au théâtre des Arts. C'est réellement en 1928, avec la création de sa pièce de théâtre *Topaze*, que l'auteur connaît un vrai succès.

Tout d'abord porté par une certaine nostalgie provençale, Pagnol crée en 1929, au théâtre de Paris, *Marius*, pièce en quatre actes, qui rencontre un succès sans précédent. Il fait également ses tout premiers pas au cinéma lorsque, bouleversé par le film *Broadway Melody*, un des premiers films parlant, il entame une carrière cinématographique. Marcel Pagnol décide alors de transposer ses pièces à l'écran. Ainsi, le 10 octobre 1931, sort l'adaptation cinématographique de sa pièce *Marius*, considérée comme une prouesse du cinéma parlant de l'époque. Entraîné par le succès, Pagnol se lance dans l'écriture d'une trilogie marseillaise dont *Fanny* compose la deuxième partie, créée en 1931 au théâtre de Paris, puis adaptée au cinéma en 1932. Le troisième volet *César* est directement écrit pour le cinéma.

La société de production cinématographique Paramount, très intriguée par le succès des œuvres de Pagnol, décide d'acheter les droits de sa pièce de théâtre *Topaze*. Toutefois, Marcel Pagnol n'a pas, comme il le souhaite, la mainmise sur l'adaptation, et contre-attaque en adaptant lui-même la pièce en deux autres versions, en 1936 et en 1950. Afin d'avoir toujours ce droit de regard et de participation, il décide de créer sa propre société de production en 1932. Les plus grands acteurs français participent à ces différentes créations. De plus, en 1936, il crée la revue *Les Cahiers du film* et dirige en 1937 sa propre maison d'édition.

Il divorce de Simone Collin en 1939 après quelques années de séparation durant lesquelles sont nés trois enfants hors mariage. Plus tard, il épouse, en 1945, Jacqueline Bouvier avec qui il aura deux autres enfants dont une fille qui meurt à l'âge de trois ans.

Après son élection à l'Académie française en 1946, il poursuit les tournages en mettant en scène de grands acteurs, ainsi qu'en adaptant la troisième version de *Topaze*, grandement saluée par la critique. Les scénarii de *Manon des sources* et *Jean de Florette* sont achevés également cette même année. Sa filmographie concentre un bon nombre d'adaptations littéraires dont l'œuvre d'Alphonse Daudet. En 1955, il met fin à sa carrière de dramaturge après avoir essuyé différents échecs, ses pièces étant condamnées par la critique de l'époque.

Pourtant, à l'âge de 62 ans, Marcel Pagnol prend la voie du roman où l'écriture du moi domine, mêlant lyrisme et humour. Il publie alors ses *Souvenirs d'enfance*, *La Gloire de mon père*, suivi du deuxième tome *Le Château de ma mère* (1958), *Le Temps des secrets* (1960), *Le Temps des amours* (posthume) qui connaissent un grand succès. La thématique de l'enfance et l'amour de sa terre natale font entièrement partie de son écriture et l'ont porté dans ses choix d'écrivain.

Agé de 79 ans, Marcel Pagnol meurt d'un cancer le 18 avril 1974 à Paris.

PRÉSENTATION DE TOPAZE

Topaze est une pièce de théâtre en quatre actes écrite par Marcel Pagnol en 1928. Représentée pour la première fois sur scène le 9 octobre 1928 au Théâtre des Variétés à Paris, la pièce rencontre un grand succès avec plus de huit cent représentations parisiennes. Le texte est par la suite publié aux éditions De Fallois. Après l'écriture de *Jazz*, pièce de théâtre qui n'a pas rencontré une bonne critique et mettant en scène un professeur, Pagnol a le désir d'écrire une pièce plus légère, une comédie de mœurs, mettant à nouveau en scène un professeur. Pour la première fois, il fait de l'enseignement un sujet théâtral dans une pièce comique. Il s'essaye à cette thématique après avoir lui-même quitté le professorat, ce qui lui donne un certain recul sur cette profession et un regard critique. Marcel Pagnol veut réellement rentrer dans les préoccupations quotidiennes, il tourne en ridicule les mœurs de l'époque et se moque de l'immoralité de ses contemporains. La pièce ne se contente pas de dépeindre le milieu de l'enseignement, mais procède véritablement à une étude d'un double milieu : l'éducation et le monde des affaires, mettant en opposition enseignement et morale. On retrouve l'influence moliéresque et la volonté de l'auteur de faire de Topaze une figure archétypale du théâtre, à l'instar de Tartuffe.

RÉSUMÉ DU ROMAN

Acte I

Topaze, jeune professeur honnête et bien-pensant, exerce à la pension Muche où il est considéré comme un professeur émérite, connu pour ses leçons de morale. Ernestine Muche, fille du directeur et enseignante à la pension, joue de sa naïveté et des sentiments amoureux qu'il éprouve à son égard, pour lui demander différents services de correction ou de surveillance. Convaincu d'un amour réciproque, Topaze demande conseil à son ami Tamise, également professeur à la pension, pour gagner pleinement le cœur d'Ernestine. Tamise est alors chargé d'interroger Mr Muche dans le but de mener des investigations sur une possible demande en mariage.

Topaze donne également des cours particuliers au domicile de Gaston, jeune élève hébergé chez sa tante, l'élégante Suzy Courtois. Elle envisage d'inscrire Gaston à la pension Muche, mais elle revient sur sa décision après visite, trouvant la pension trop modeste. Le cours de Topaze est, par la suite, interrompu par une baronne voulant l'interroger sur le bulletin de son fils. Ne voulant pas inventer d'erreur, stratégie suggérée par Mr Muche pour contenter la baronne, Topaze se voit licencié de la pension et se voit également refuser sa demande en mariage, Ernestine ayant confié plus tôt à son père se jouer des sentiments du jeune professeur.

Acte II

Licencié de la pension, Topaze se rend au domicile de Gaston à qui il donne toujours des cours particuliers, et informe Suzy Courtois de sa situation. Durant la leçon, Suzy discute avec Régis Castel-Bénac, conseiller municipal et amant de Suzy, au sujet d'affaires douteuses. Pour une affaire de balayeuse pour la ville, Roger de Berville, censé faire figure de prête-nom et diriger l'agence de fournitures municipales, demande une part trop grande des bénéfices, et Castel-Bénac se voit condamné à trouver un nouvel homme de paille dans l'urgence. Ayant été mise dans la confidence, Suzy Courtois suggère Topaze comme nouveau prête-nom. Le trouvant naïf et sensible aux charmes de la gent féminine, elle semble confiante pour le convaincre. Le couple propose alors à Topaze de devenir directeur de l'agence, dont la mission consiste à signer différents papiers en son nom, moyennant une somme d'argent. Le naïf Topaze accepte et remercie ses bienfaiteurs avant d'apprendre par Roger de Berville la stricte vérité. Usant de ses charmes, Suzy Courtois arrive tout de même à persuader Topaze de ne pas les dénoncer, lui faisant croire qu'elle est une complice forcée de Castel-Bénac. Pensant la sauver, Topaze accepte de jouer le jeu.

Acte III

À présent directeur d'agence, Topaze est rongé par sa conscience. Il s'imagine déjà derrière les barreaux et arrêté par les autorités pour ses affaires illicites. De plus, il lève le voile sur la supercherie de Suzy en découvrant qu'elle entretient une relation avec le conseiller municipal, Castel-Bénac. Topaze va de désillusion en désillusion en apprenant que la presse, dont il avait si peur qu'elle ne dévoile ses affaires, réclame de l'argent en retour pour taire la vérité. Puis, devenu maintenant un parti très intéressant grâce à tout cet argent gagné, Mr Muche revient pour lui accorder la main de sa fille Ernestine, voulant se donner toute à lui immédiatement. Topaze, inapte aux affaires, demande tout-de-même à Castel-Bénac, qui voulait le congédier, de lui accorder une dernière chance.

Acte IV

Quelque temps plus tard, Topaze est devenu un homme confiant et à l'allure élégante. Il fait comprendre à Castel-Bénac et à Suzy qu'il souhaite à présent monter ses affaires seul puisque tout est à son nom. Cette nouvelle assurance conquiert Suzy qui devient alors sa maîtresse, et le conseiller municipal comprend avoir été pris à son propre jeu. Tamise, son ancien collègue professeur et honnête homme, vient lui rendre visite pour lui faire part des ouï-dire concernant sa réputation. Topaze lui confirme ces derniers et lui démontre que l'argent fait bel et bien le bonheur et la réussite. Il lui propose par la suite de rejoindre son entreprise, ce qui semble tenter Tamise, même s'il était dans un premier temps horrifié par le nouveau raisonnement de Topaze.

LES RAISONS
DU SUCCÈS

Marcel Pagnol écrit au lendemain de la Première Guerre mondiale. La France connaît alors ce que l'on appelle « les Années folles », marquées par une révolte de la vie et une envie évidente de se divertir. C'est donc le théâtre de boulevard qui fait recette, là où le théâtre tragique ne semble plus avoir sa place. La comédie de mœurs domine alors, traitant de la thématique du rapport entre l'homme et la femme. Sacha Guitry est l'auteur de référence dans ce domaine, et ses réflexions font parler de lui : « Il y a des femmes dont l'infidélité est le seul lien qui les attache encore à leur mari ». Le cinéma muet vient également s'imposer comme figure du divertissement, il ne devient sonore qu'en 1932. Au-delà du théâtre de boulevard, nous trouvons d'autres formes théâtrales, comme le théâtre d'art qui se veut un théâtre de recherche. L'épurement du décor est à l'honneur afin de se rapprocher au plus près du texte. Jacques Copeau en est une des figures avec ses pièces créées au théâtre du Vieux-Colombier, qui s'imposent comme un renouveau du théâtre français en abandonnant l'aspect spectaculaire du théâtre et en mettant en exergue l'écriture. On retrouve ensuite le théâtre de l'atelier qui est un théâtre d'improvisation comme l'a pratiqué à cette époque Antonin Artaud, et qui fait du texte le seul objet de réflexion.

Sous ces différentes formes de théâtre, l'on voit apparaître un nouveau mouvement littéraire que l'on nomme le Surréalisme. Avec Roger Vitrac, Antonin Artaud fonde le théâtre Alfred-Jarry pour « satisfaire aux exigences les plus extrêmes de l'imagination et de l'esprit ». Les codes du théâtre traditionnel sont cassés pour réfléchir à « un esprit nouveau », comme l'appelaient Cocteau et Apollinaire.

Formé tout d'abord par la manière académique, Marcel Pagnol se tourne vers le mouvement surréaliste. Effectivement, il s'est essayé dans un premier temps à l'écriture en alexandrin avec sa pièce *Catille*, mais Paul Nivoix lui recommande une écriture beaucoup plus contemporaine. Avec ses deux pièces de théâtre *Jazz* (1926) et *Topaze* (1928) il théâtralise la figure de l'enseignement, chose relativement nouvelle dans l'écriture théâtrale de l'époque, avec une volonté de mettre en scène la place de l'enseignant dans la société de son temps en donnant, dans la dernière scène, des informations sur l'argent gagné par un professeur.

Pourtant, il est difficile d'attribuer un mouvement littéraire précis à Marcel Pagnol. *Topaze* se situe véritablement à la frontière du mouvement naturaliste et surréaliste en raison du parrainage artistique d'André Antoine, à la tête d'une scène nouvelle et moderne. Le Naturalisme est tout d'abord mis en place sous sa forme romanesque (dont Émile Zola est le modèle), caractérisé par un réalisme pur de la société, dont il disait : « Le roman est devenu une enquête générale sur l'homme et sur le monde. » Sous cette même tutelle, on remarque alors des pièces de théâtre dans lesquelles se trouvent de réelles études de milieu, et le réalisme est respecté dans le décor, les dialogues et la psychologie des personnages. Le roman naturaliste et son théâtre se font ainsi miroir de la réalité, mais forment également un biais pour y glisser des analyses sous-jacentes. A la fin du XIXe siècle, André Antoine tente d'ailleurs de mettre en scène l'œuvre de Zola en intégrant, par le biais de didascalies et de dialogues, une étude de la société.

Dans l'œuvre de Pagnol *Topaze*, les didascalies sont extrêmement précises en ce qui concerne la tenue du personnage éponyme ou bien la précision du décor. L'objet théâtral devient alors signifiant. Le dialogue, quant à lui, dépeint une vérité de l'enseignement et les réactions des personnages semblent logiques. Marcel Pagnol prend également le soin de glisser dans la pièce des anecdotes de l'actualité. Tous ces détails participent d'une composition quasi-documentaire, appuyés par les vingt-huit personnages présents dans la pièce, principaux comme secondaires, visant à recréer une réalité cohérente. En effet, il est même fait mention de personnages plus lointains, comme le recteur ou l'inspecteur académique, qui servent à rajouter de la crédibilité à la situation.

Dépeignant le monde des affaires, Pagnol choisit dans la réalité certains éléments dont il veut qu'ils soient essentiels, comme le rôle de la presse ou la publicité à l'américaine. Ce naturalisme participe au registre satirique que peut prendre la pièce concernant les dysfonctionnements de la société dont on peut rire. La pièce fait rire et rencontre un grand succès.

LES THÈMES PRINCIPAUX

Topaze est avant tout une pièce au caractère comique, renforcé par la structure du texte. En réalité, la pièce de théâtre renferme une structure mécanique et bien huilée, au service du comique. L'intrigue est pensée pour amener Topaze à ses fins avec son coup de théâtre. Tout cela permet de créer du rythme et d'entretenir une certaine théâtralité de la pièce. Plusieurs techniques théâtrales et narratives sont mises en place par l'auteur dans le but de contribuer au comique et, également, de faire participer le spectateur.

Le comique théâtral se manifeste généralement de quatre manières : le comique de caractère, le comique de geste, le comique onomastique et le comique de situation. Marcel Pagnol a la réelle intention de faire rire et le prouve en usant de ces quatre procédés. Le jeu théâtral laisse place à de vrais morceaux de choix.

Le comique de caractère est évident dans la lecture par les didascalies qui met en place le personnage de Topaze, enseignant naïf et d'apparence ridicule. Le personnage éponyme est décrit dès l'ouverture de la pièce : « Quand le rideau se lève, M. Topaze fait faire une dictée à un élève. M. Topaze a trente ans environ. Longue barbe noire qui se termine en pointe sur le premier bouton du gilet. Col droit, très haut, en celluloïd, cravate misérable, redingote usée, souliers à boutons. » L'aspect physique du personnage est alors souligné et donne l'aspect comique du personnage. Cela suggère également un contraste physique d'autant plus marqué lorsque Topaze se métamorphose en homme d'affaire tant sur le plan physique qu'intellectuel.

Ce rire, le spectateur le retrouve dans le comique de geste, toujours attribué à Topaze lors, par exemple, de la scène VII de l'acte I. Son ami et collègue Tamise lui prodigue des conseils pour séduire et demander en mariage Ernestine Muche. Le rire est alors attribué à la gestuelle suggérée par les didascalies et le dialogue des deux personnages :

« TOPAZE : Le grand jeu. Qu'entends-tu par le grand jeu ?

TAMISE : Tu prépares le terrain par des regards significatifs. Tu sais, les yeux presque fermés... le regard filtrant ...

Il rejette légèrement la tête en arrière et ferme les yeux à demi pour donner un exemple du regard « filtrant ».

TOPAZE : Tu crois que c'est bon ?

TAMISE : Si tu le réussis, c'est épatant. Ensuite, tu t'approches d'elle, tu adoucis ta voix, et vas-y.

TOPAZE : Vas-y... Mais comment y va-t-on ?

TAMISE : Un peu d'émotion, un peu de poésie, et une demande en bonne et due forme. Si tu vois qu'elle hésite, sois hardi. *(Il fait le geste de prendre une femme dans ses bras.)* Un baiser. »

L'écriture met en place un jeu comique des deux personnages. Nous trouvons, de plus, le comique onomastique, comme le nom de l'élève Pitart-Vergniolles qui est un assemblage de mots cocasses.

Puis, le comique de la pièce repose sur des effets de double jeu, portés à la connaissance du spectateur : Suzy Courtois et Ernestine Muche en sont de parfaits exemples. Alors que Mademoiselle Muche joue avec les sentiments de Topaze pour arriver à ses fins :

« TOPAZE : Faites-moi la grâce de me confier ces devoirs... »,

nous retrouvons le même procédé avec Suzy Courtois. Le comique de situation repose sur la description et le jeu de différentes situations à caractère double, ou bien par un renversement total de l'action. Lorsque Topaze prend en main l'agence, et laisse Castel-Bénac pris à son propre jeu, cela rajoute du comique par le coup de théâtre. Ou bien, le comique de répétition peut également être un très bon outil, comme le suggère l'acte premier à la scène XIII quand monsieur Muche incite Topaze à mentir sur le bulletin de son élève pour contenter la baronne, et, qu'en retour, aveuglé par son extrême honnêteté, Topaze ne comprend pas le sous-entendu pourtant évident de son directeur :

« LA BARONNE *(elle tire de son sac une enveloppe)* : Je viens de recevoir les notes trimestrielles de mon fils et je n'ai pas osé montrer ce bulletin à son père...

MUCHE : J'ai déjà expliqué à Mme la baronne qu'il y a eu sans doute une erreur de la part du secrétaire qui recopie vos notes...

TOPAZE : Je ne crois pas, monsieur le directeur ... Car je n'ai pas de secrétaire, et ce bulletin a été rédigé de ma main...

Il prend le bulletin et l'examine.

MUCHE *(Il appuie sur certaines phrases)* : Mme la baronne, qui vient de vous demander des *leçons particulières, a trois enfants dans notre maison,* et je lui ai moi-même de *grandes obligations !*... C'est pourquoi je ne serais pas étonné qu'il y eut une erreur.

TOPAZE *(regarde le bulletin)* : Pourtant, ces notes sont bien celles que j'ai données à l'élève ... »

Par ces différents exemples, Marcel Pagnol prouve son envie de réaliser une pièce de théâtre comique en usant de tous ces procédés. Le comique est alors un des thèmes principaux de cette pièce de théâtre et anticipe ce que l'on appelle « le rire de triomphe » qui est un rire psychologique permettant au spectateur de rire d'une personne qu'il trouve plus ignare ou plus bête que lui.

En revanche, il révèle une écriture qui met en opposition l'enseignement et la morale de l'histoire. Le théâtre est un lieu où se transmet la morale, tout comme une salle de classe, lieux où se transmettent les mœurs de l'époque. Le poète Santeul a créé le concept du *castigat ridendo mores* qui signifie que les mœurs peuvent être corrigées par le rire. C'est une véritable devise de la comédie. De ce fait, Marcel Pagnol a une volonté de corriger et de réfléchir sur les mœurs de son époque. Dans la pièce de théâtre, l'école est représentée comme le garant de la bonne morale. Avant même le commencement de la pièce, le décor de la salle de classe est implanté avec beaucoup de détails, ainsi nous pouvons y voir : « *Au-dessus des tableaux, une frise de papier crème, sur laquelle se détachent en grosses lettres diverses inscriptions morales : "Pauvreté n'est pas vice." "Il vaut mieux* SOUFFRIR le mal que de le FAIRE." "L'oisiveté est la MÈRE de TOUS LES VICES." "Bonne renommée vaut MIEUX que ceinture dorée." Au centre, au-dessus de la chaire : "L'ARGENT NE FAIS PAS LE BONHEUR" ».

Topaze enseigne donc à ses élèves la morale qui sera complètement remise en question. L'école est d'ailleurs accusée, dans la dernière scène de la pièce, d'être un lieu d'imposture : « elle lance les pauvres sur une mauvaise piste », puisque, finalement, Topaze croit en l'argent qui prodigue le bonheur. Toutefois, Marcel Pagnol ne remet pas en question la qualité du système et de l'enseignement, ni les qualités intellectuelles du maître, il pointe du doigt la perversité des êtres humains. L'auteur montre le contraste évident entre la société hypocrite et l'école qui se veut moralisatrice. Là est toute l'ambivalence de l'écriture pagnolesque. On comprend qu'il y a une envie de faire passer un réel message sur la société par le biais de la comédie et de l'exagération des traits.

La pièce de théâtre renferme d'ailleurs une fable, à l'acte IV scène 1, qui peut faire office de résumé de l'œuvre sous des airs comiques, évoquant alors les réelles volontés d'écriture de Marcel Pagnol :

« CASTEL-BENAC : Deux fois par semaine en moyenne. Vous lui avez révélé les grandes nourritures, et maintenant, parbleu, il a l'intelligence et l'énergie d'un homme bien nourri. C'est exactement l'histoire du chimpanzé de ma mère. Quand elle l'a acheté il était maigre, il puait la misère, mais je n'ai jamais vu un singe aussi affectueux. On lui a donné des noix de coco, on l'a gavé de bananes, il est devenu fort comme un Turc, il a cassé la gueule à la bonne. Il a fallu appeler les pompiers... » La parole de Castel-Bénac est la véritable leçon de morale de la pièce.

LE MOUVEMENT LITTÉRAIRE

Il est difficile d'attribuer un mouvement littéraire précis à l'écriture de Marcel Pagnol. Situé à la frontière du Naturalisme et du Surréalisme, l'analyse des deux mouvements est donc de rigueur.

Le Naturalisme est un mouvement littéraire appartenant à la fin du XIXe siècle. Il fait naturellement suite au Réalisme et cherche à s'affilier aux sciences humaines et à dépeindre parfaitement la réalité, jusqu'aux moindres détails, en s'intéressant particulièrement aux milieux sociaux défavorisés. Pour les auteurs naturalistes, c'est bel et bien la condition de l'homme qui influe sur son comportement. Émile Zola est certainement le représentant du mouvement naturaliste. L'auteur tend à mettre en place un raisonnement quasi scientifique de l'écriture en soutenant des hypothèses et en les expérimentant. Son roman *L'Assommoir*, écrit en 1876, est un roman dépeignant le monde ouvrier. Tel un vrai scientifique, il expérimente le terrain et veut être au plus près du peuple, il en dit même que c'est « le premier roman sur le peuple, qui ne mente pas et qui ait l'odeur du peuple ». Même si la parole choque et tranche par sa vérité, l'auteur remporte du succès.

Le théâtre naturaliste s'inscrit dans cette même ambition de reproduire, par le raisonnement scientifique, la nature humaine. Même si ce théâtre ne rencontre pas un vif succès, il remettra en question la place créatrice du théâtre et son rôle. André Antoine fonde d'ailleurs en 1887 le Théâtre-Libre qui devient une sorte de scène expérimentale où les auteurs peuvent s'essayer à la création.

Le Naturalisme est un mouvement précurseur du mouvement Surréaliste qui voit le jour au début du XXe siècle. André Breton en est la figure même et définit clairement les contours du mouvement dans son *Manifeste du surréalisme* en 1924. L'écriture surréaliste se révèle par la libre et la réelle expression de la pensée, par le rêve, sans que la raison soit une entrave. Naît alors l'écriture automatique censée retranscrire une écriture réelle et pure, fondée sur un laisser-aller de l'esprit propice à la création.

En 1920, la physique quantique découvre l'infiniment petit et la théorie du chaos. Cette avancée scientifique démontre une nouvelle réflexion sur l'homme, que l'on peut retrouver dans le théâtre d'Antonin Artaud qui met au point sur scène « le théâtre de la cruauté » qui privilégie une action violente et un intérêt pour l'organisme humain lui-même. Bien qu'étant dérangeant, le Surréalisme marque tout son siècle par un sentiment de révolte et d'ablation des règles.

DANS LA MÊME COLLECTION
(par ordre alphabétique)

- **Anonyme**, *La Farce de Maître Pathelin*
- **Anouilh**, *Antigone*
- **Aragon**, *Aurélien*
- **Aragon**, *Le Paysan de Paris*
- **Austen**, *Raison et Sentiments*
- **Balzac**, *Illusions perdues*
- **Balzac**, *La Femme de trente ans*
- **Balzac**, *Le Colonel Chabert*
- **Balzac**, *Le Lys dans la vallée*
- **Balzac**, *Le Père Goriot*
- **Barbey d'Aurevilly**, *L'Ensorcelée*
- **Barbey d'Aurevilly**, *Les Diaboliques*
- **Bataille**, *Ma mère*
- **Baudelaire**, *Les Fleurs du Mal*
- **Baudelaire**, *Petits poèmes en prose*
- **Beaumarchais**, *Le Barbier de Séville*
- **Beaumarchais**, *Le Mariage de Figaro*
- **Beauvoir**, *Mémoires d'une jeune fille rangée*
- **Beckett**, *Fin de partie*
- **Brecht**, *La Noce*
- **Brecht**, *La Résistible ascension d'Arturo Ui*
- **Brecht**, *Mère Courage et ses enfants*
- **Breton**, *Nadja*
- **Brontë**, *Jane Eyre*
- **Camus**, *L'Étranger*
- **Carroll**, *Alice au pays des merveilles*
- **Céline**, *Mort à crédit*
- **Céline**, *Voyage au bout de la nuit*

- **Chateaubriand**, *Atala*
- **Chateaubriand**, *René*
- **Chrétien de Troyes**, *Perceval*
- **Cocteau**, *Les Enfants terribles*
- **Colette**, *Le Blé en herbe*
- **Corneille**, *Le Cid*
- **Crébillon fils**, *Les Égarements du cœur et de l'esprit*
- **Defoe**, *Robinson Crusoé*
- **Dickens**, *Oliver Twist*
- **Du Bellay**, *Les Regrets*
- **Dumas**, *Henri III et sa cour*
- **Duras**, *L'Amant*
- **Duras**, *La Pluie d'été*
- **Duras**, *Un barrage contre le Pacifique*
- **Flaubert**, *Bouvard et Pécuchet*
- **Flaubert**, *L'Éducation sentimentale*
- **Flaubert**, *Madame Bovary*
- **Flaubert**, *Salammbô*
- **Gary**, *La Vie devant soi*
- **Giraudoux**, *Électre*
- **Giraudoux**, *La Guerre de Troie n'aura pas lieu*
- **Gogol**, *Le Mariage*
- **Homère**, *L'Odyssée*
- **Hugo**, *Hernani*
- **Hugo**, *Les Misérables*
- **Hugo**, *Notre-Dame de Paris*
- **Huxley**, *Le Meilleur des mondes*
- **Jaccottet**, *À la lumière d'hiver*
- **James**, *Une vie à Londres*
- **Jarry**, *Ubu roi*
- **Kafka**, *La Métamorphose*
- **Kerouac**, *Sur la route*
- **Kessel**, *Le Lion*

- **La Fayette**, *La Princesse de Clèves*
- **Le Clézio**, *Mondo et autres histoires*
- **Levi**, *Si c'est un homme*
- **London**, *Croc-Blanc*
- **London**, *L'Appel de la forêt*
- **Maupassant**, *Boule de suif*
- **Maupassant**, *Le Horla*
- **Maupassant**, *Une vie*
- **Molière**, *Amphitryon*
- **Molière**, *Dom Juan*
- **Molière**, *L'Avare*
- **Molière**, *Le Malade imaginaire*
- **Molière**, *Le Tartuffe*
- **Molière**, *Les Fourberies de Scapin*
- **Musset**, *Les Caprices de Marianne*
- **Musset**, *Lorenzaccio*
- **Musset**, *On ne badine pas avec l'amour*
- **Perec**, *La Disparition*
- **Perec**, *Les Choses*
- **Perrault**, *Contes*
- **Prévert**, *Paroles*
- **Prévost**, *Manon Lescaut*
- **Proust**, *À l'ombre des jeunes filles en fleurs*
- **Proust**, *Albertine disparue*
- **Proust**, *Du côté de chez Swann*
- **Proust**, *Le Côté de Guermantes*
- **Proust**, *Le Temps retrouvé*
- **Proust**, *Sodome et Gomorrhe*
- **Proust**, *Un amour de Swann*
- **Queneau**, *Exercices de style*
- **Quignard**, *Tous les matins du monde*
- **Rabelais**, *Gargantua*
- **Rabelais**, *Pantagruel*

- **Racine**, *Andromaque*
- **Racine**, *Bérénice*
- **Racine**, *Britannicus*
- **Racine**, *Phèdre*
- **Renard**, *Poil de carotte*
- **Rimbaud**, *Une saison en enfer*
- **Sagan**, *Bonjour tristesse*
- **Saint-Exupéry**, *Le Petit Prince*
- **Sarraute**, *Enfance*
- **Sarraute**, *Tropismes*
- **Sartre**, *Huis clos*
- **Sartre**, *La Nausée*
- **Senghor**, *La Belle histoire de Leuk-le-lièvre*
- **Shakespeare**, *Roméo et Juliette*
- **Steinbeck**, *Les Raisins de la colère*
- **Stendhal**, *La Chartreuse de Parme*
- **Stendhal**, *Le Rouge et le Noir*
- **Verlaine**, *Romances sans paroles*
- **Verne**, *Une ville flottante*
- **Verne**, *Voyage au centre de la Terre*
- **Vian**, *J'irai cracher sur vos tombes*
- **Vian**, *L'Arrache-cœur*
- **Vian**, *L'Écume des jours*
- **Voltaire**, *Candide*
- **Voltaire**, *Micromégas*
- **Zola**, *Au Bonheur des Dames*
- **Zola**, *Germinal*
- **Zola**, *L'Argent*
- **Zola**, *L'Assommoir*
- **Zola**, *La Bête humaine*
- **Zola**, *Nana*
- **Zola**, *Pot-Bouille*